www.ingramcontent.com/pod-product-compliance
Lightning Source LLC
Chambersburg PA
CBHW051354280526
45784CB00007B/2954
* 9 7 8 1 0 9 2 7 9 9 4 1 6 *